ANTI-VOLKNA,

OU

NOTTES

D'UN

PUBLICISTE

SUR LE

SYSTEME

POLITIQUE-MILITAIRE

PRUSSIEN.

A LONDRES,

Chez *G. MEYER*,

M DCC LXII.

A V I S.

LEs succès des Armes Britanniques, surtout dans le Nouveau
Monde, dont les Possessions Françoi-
ses alloient être le Prix, par le Traité de Paix que la France sollicitoit
l'Eté dernier avec empressement, ne
pouvoient qu'enfler les esperances de
notre Ministére, pour de plus grandes Conquêtes. En effet, il est de
notorieté publique, que Mr. Pitt ne
s'est demis de sa Charge de Secretaire
d'Etat, que parceque le reste du Conseil n'a pû se resoudre à autoriser son
Projet, d'enlever à l'improviste des
Vaisseaux & des Possessions Espagno-
les, sous le Prétexte du Traité ne-
gocié derniérement entre les Cours
de Madrid & de Versailles; Traité
qui ne pouvoit que lui faire plaisir
s'il avoit eu les vuës pacifiques, qu'il
a affecté d'étaler dans tout le cours
de sa Negociation avec la France, dont les Actes viennent d'être
rendus publics. Mais dans ces mê-

A 2

mes

mes Actes l'on voit, que la seule proposition de faire acceder S. M. le Roi d'Espagne à cette Paix, pour la rendre plus solide, a fait resoudre ce Ministre, à rompre la Negociation, quoique la proposition soit d'autant plus naturelle, que ce Monarque avoit déja été constitué Mediateur entre les Cours Belligerantes.

Il est donc constant que le Systême Politique Militaire Prussien a jetté de profondes racines en Angleterre, & que le flambeau de la Guerre n'ayant pû s'éteindre par les grands sacrifices que la France a voulu faire pour le bien de la Paix, l'incendie de la presente Guerre, menace de s'étendre encore plus loin qu'elle n'a été, si la voix du Peuple pour une Guerre avec l'Espagne, raméne Mr. Pitt au timon des Affaires, ou du moins si le Systême Politique Militaire Prussien continue de servir de pivôt à la conduite du Ministére.

NOT-

NOTTES

SUR LE

SYSTEME PRUSSIEN.

LEs bruits d'ue paix prochaine s'étoient tellement acrédités, malgré leur abſurdité, & on les avoit reçus avec tant de confiance, qu'on traitoit d'ennemis de la joie publique ceux qui oſoient s'élever contre l'erreur. L'illuſion n'étoit point de celles qui demandent , & à qui on accorde de la complaiſance, parceque la conſolation qu'elles donnent n'a point de fâcheux retours ; celle-ci étoit un double piége tendu aux Peuples. En Angleterre, où les Miniſtres montroient les deux Rois diſpoſés à la réconciliation, le Peuple devoit s'exciter à de nouveaux efforts, qu'on lui diſoit ſeuls capables de rendre les autres Puiſſances acceſſibles aux offres de Leurs Majeſtés Britannique & Pruſſienne. Dans les Etats en défenſive contre les deux Rois, & leurs Alliés, les Peuples excités à attribuer à l'opiniâtreté de leurs Souverains la continuation de la guerre , pouvoient ſe prendre de dégoût & de laſſitude , & ſe prêter à regret à des efforts ultérieurs. La perſpective de la paix étoit ainſi préſentée ſous deux points de vûe

A 3

tout-

tout-à-fait opposés. Peut-être l'artifice a-t-il été dévoilé trop-tard, ou combattu trop mollement. Le Souverain qui ne veut pas être absolu, se met à certains égards dans la dépendance de ses Sujets ; & souvent il est obligé de renoncer à leur procurer un bien-être réel, parce que leurs préjugés, ou les empêchent de le connoître, ou les font se rebuter des frais de l'acquisition. Le secours des préjugés est une des ressources sur lesquelles le Roi de Prusse a le plus compté ; & jamais Souverain ambitieux & conquérant n'entra dans sa carrière avec plus d'avantage que lui à cet égard.

Ce fut autant par goût que par politique, que Sa Majesté Prussienne adopta le Gouvernement Militaire établi par le Roi son Père. Le pouvoir arbitraire dont ce Gouvernement est le créateur & l'apui, dût flater un Prince qui avoit fait une étude particulière des hommes, & que l'adversité avoit sans doute disposé à être leur bienfaiteur : pour faire tout le bien qu'on veut, il faut pouvoir faire à peu-près tout le mal possible. A peine étoit-il sur le Trône, que l'occasion se présenta d'employer utilement ses troupes. Avoit-il formé dès-lors le grand projet d'être Legislateur, il lui convenoit d'arrondir ses possessions, d'agrandir ses Etats : de quelle étendue & de quelle solidité auroit été le travail du Légiflateur, si le pays auquel il vouloit donner des loix, n'avoit pas eu en soi toutes ses relations essentielles ? C'étoit un malheur que le prétexte de la prise d'armes & de la con-

conquête ne fut ni bon ni honnête. Mais la fortune le répara, ou le couvrit par le succès; & la moitié de l'Europe aplaudit sans exception à la politique qui avoit uni la Siléfie aux Etats de Brandebourg. Pendant les deux années qui fuivirent l'acquifition , le Monarque acheva de faire excufer ce qu'elle avoit eu d'irrégulier. On le vit, le protecteur déclaré du génie & des talens , s'apliquer uniquement à introduire les Sciences & les Arts dans fes Etats. Les Sçavans apellés & honorés à fa Cour, publièrent fes louanges , & eurent pour Échos tous ceux qui étoient leurs admirateurs , ou leurs jaloux. La promptitude avec laquelle S. M. Pruffienne fe rendit à ce glorieux perfonnage , fit oublier la conduite qu'Elle avoit tenue en 1744 & 1745. Le *Code Friderie*, & huit années d'aplication à l'adminiftration intérieure, peignoient ce Prince à l'Europe entière fous des traits pacifiques. Le Prince ambitieux , le Roi conquérant, n'étoient pas même foupçonnés par les Peuples , que toûjours l'extérieur féduit & perfuade. Ils voyoient au contraire un Roi Philofophe, qui fe faifoit de tout des idées particulières, qui méprifoit les préjugés , qui inftruifoit fes fujets à les méprifer, qui fembloit enfin s'être donné pour unique tâche de rompre les liens civils & religieux qui tenoient fes Peuples en relation avec les autres Peuples, & de fe faire en Europe un Etat ifolé de tous les autres. Cette conduite eft précifément l'opofé de celle d'un Politique ambitieux, qui fe propofe

de

de conquérir. Du temps des Romains où l'Univers plongé dans l'ignorance fur l'Etre Suprême, faifoit du culte une affaire de choix ou de caprice, une tolérance fans bornes pouvoit rendre le joug du vainqueur moins odieux. Mais depuis que la Religion exifte par la conviction, la tolérance fur les diférens cultes fe prend pour indiférence : celle-ci paroît produite par le mépris, & elle s'attire la haine.

On auroit cru tout autre deffein à S. M. Pruffienne, plutôt que celui de devenir Conquérant. Ceux qui étoient à la tête des affaires, dans les divers Etats à qui les forces Pruffiennes devoient donner de l'inquiétude, ne trouvoient aucune connexion entre l'attention conftante du Monarque à former & à groffir fes armées, à fournir fes arfenaux, à multiplier fes magafins, & cette hardieffe prefque cinique qu'il permettoit aux Lettrés de fa Cour, contre ce que les mœurs & la religion ont de plus refpectable. Comme il n'étoit pas naturel, que vû le pié où eft maintenant l'Europe, un Roi de Pruffe fe promit de lui donner la loi par les armes, plufieurs crûrent que le Militaire étoit pour ce Prince, ce qu'on l'avoit cru pour fon prédéceffeur, une affaire de goût, & abfolument fans conféquence pour tous fes voifins. Tout-à-coup S. M. Pruffienne, renfermant au-dedans de fes Etats fes principes de tolérance religieufe, fe préfenta à la Diéte de l'Empire pour l'Avocat & le Champion de l'intolérance des Proteftans. Alors il n'y eut plus d'emd'embarras sur sa conduite, plus d'obscurité sur ses vûes. Peu d'hommes d'Etat ignoroient que le Roi Frédéric Guillaume, dans ses dernières paroles à son auguste Successeur, lui avoit remontré l'utilité politique d'un extérieur religieux. Tous se reconnurent au moment d'une metamorphose, après laquelle le Conquérant ne tarderoit pas à se produire. Malheureusement on ne s'étoit point attendu à ce changement. Autant qu'il étoit nécessaire d'en instruire les peuples & de leur faire connoître qu'on vouloit abuser du ressort de la religion pour les diviser, autant il y avoit à craindre d'irriter une Puissance, dont les coups pouvoient suivre immédiatement la menace. Les Cours que le péril touchoit de plus près, étoient persuadées que le Roi de Prusse ne demandoit qu'un prétexte: elles mettoient du secret dans leurs préparatifs de défense; & la Cour de Dresde, la plus intéressée de toutes à décréditer le titre que le Monarque se donnoit auprès des Protestans, étoit si éloignée de risquer une accusation publique dont il se seroit tenu offensé, qu'elle n'ôsa même avoüer à ses anciens Alliés, qu'elle pouvoit avoir besoin de leur secours contre lui.

L'expérience de tous les siécles a mis en fait, que le peuple passe aisément d'un Extrême à l'autre. Mais les observateurs ont oublié de noter, que cette inconstance n'est que dans le cœur; & que l'opiniâtreté caractérise au contraire l'esprit du peuple: On l'a vu souvent prompt à haïr ce qu'il avoit aimé,

& à faire l'objet de sa pitié de l'objet de son horreur ; mais il est rare qu'il ait ravalé ce qu'il révéroit, méprisé ce qu'il avoit admiré, car il retient aussi fortement les premières impressions, qu'il conserve peu les premières affections : ses préjugés de la première espéce, cédent à peine aux traits redoublés de la plus grande évidence. Tant de panégiriques qui n'avoient point été contestés, l'avoient accoûtumé à voir dans S. M. Prussienne l'ami du genre humain. Lorsque ce Monarque tombant à l'improviste sur la Saxe, & déclarant la guerre à l'Impératrice-Reine, publia qu'il ne faisoit que prévenir une conspiration formée contre la Religion Protestante, & contre la Puissance Prussienne protectrice de cette Communion : le ton de cette déclaration, la hardiesse avec laquelle ses prétendues preuves furent présentées, affectèrent diversement les peuples, en conformité de leurs préventions ; à l'exception d'un très-petit nombre d'hommes, que les livres ou les voyages ont instruits, tout le monde s'en laissa imposer sur la nature de cette guerre & sur ses suites possibles. Partout on ignora, ou l'on méconnut, le caractère de la Puissance Prussienne & les vues du Roi de Prusse. Dans les Etats où domine la religion dont il se donnoit pour le protecteur, on écouta à regret un autre intérêt. Dans les pays, où le zéle religieux ne fait point un préjugé en faveur de S. M. Prussienne, & où à cause de l'éloignement, la réputation du Monarque s'est plus répandue que la connoissance de sa

Mo-

Monarchie , on prit une trop haute idée du génie ce celui-là, & on ne reçut pas la juste idée des forces de celle-ci. Là on a espéré beaucoup, & on n'a rien apréhendé ; Ici on n'a eu ni craintes ni espérances. Dans la plus grande partie des Etats Protestans, on s'est promis des victoires du Roi de Prusse le triomphe de la Religion Protestante , & on n'a voulu rien voir au-delà. Peu s'en faut que l'on n'ait cru ailleurs, que les Souverains sont les seuls intéressés à la présente guerre : qu'une pure jalousie les arme contre une nouvelle Puissance ; & que le Roi de Prusse faisant, pour ainsi dire , assaut de gloire militaire avec ses pareils, il donne seulement un spectacle , dont quel qu'en soit le denoûement , il ne sçauroit rien résulter de plus fâcheux pour les peuples , que d'en avoir payé les fraix. Ceux-là font la guerre avec passion , parce qu'ils s'imaginent voir dans ses succès la récompense de ses maux : ceux-ci murmurent contre la durée de la guerre , parce qu'ils n'en connoissent que les charges sans en sentir les périls. Les uns & les autres également dans l'erreur , font des vœux tout-à-fait diférens , qui sont pareillement contraires à la tranquillité & à la liberté publique. Souhaiter la prospérité des armes Prussiennes , c'est s'offrir à la servitude , & courir au devant d'un joug inconnu à l'Europe. Souhaiter un accommodement entre les Puissances , pendant que la fortune des armes Britanniques , joint de nouveaux ressentimens à leurs premiers motifs : c'est

deman-

demander la prolongation des plus fâcheux effets de la guerre, sous le masque de la paix ; c'est renoncer à retirer aucun fruit de tant de sang répandu, & vouloir que l'Europe dévastée par tant de meurtres & de ravages ne jouisse que d'une courte trêve, & que la guerre recommence bientôt avec plus de fureur.

Le Roi, les Peuples, & la Puissance de Prusse, sont un composé dont les générations précédentes n'ont point eu d'idée. On doit en croire Sa Majesté Prussienne elle-même. *Le Gouvernement tout Militaire*, dit le Monarque Historien, au Tome II. de ses élégans Mémoires de Brandebourg, pages 155 & 156, *a influé dans les mœurs ; nous ne ressemblons plus ni à nos Ancêtres, ni à nos Voisins, &c.*

Le Gouvernement *tout Militaire* de la Prusse a pris la férocité de ceux de Sparte & de Rome, estimés militaires par la plûpart des Politiques, sans avoir adopté les institutions qui tempéroient cette férocité. A Lacédémone, toutes les Loix tendoient à faire illusion à l'homme sur son esclavage : l'égalité Républiquaine y avoit pour lui les mêmes charmes que la liberté, dont il n'avoit point de notions; & il la prenoit pour elle. L'humiliation est le plus grand mal de la servitude : on ne sent point le joug dont on n'est pas plus foulé que ceux qu'on croit nés pour en être exempts. Les loix militaires étoient rigoureuses à Sparte, mais précises, & en très-petit nombre ; & elles dormoient,

pour

pour ainſi dire, pendant la paix. Les loix civiles au contraire étoient multipliées à l'infini : elles avoient une activité perpétuelle ; & elles deſcendoient juſques dans les plus petits détails, afin de ne perdre aucun des objets propres à faire diverſion à la triſte ſévérité des premières, & afin d'adoucir la rudeſſe de l'eſprit guerrier par tout ce qui pouvoit nourrir & fortifier l'eſprit de ſociété. Malheureux au jugement de tous ſes voiſins, qui ne voyoient en lui qu'un Forçat, le Spartiate s'eſtimoit heureux ſous une forme de gouvernement, dont la ſingularité flatoit ſon orgueil, & qui dérivoit de ſes mœurs au-lieu de dominer ſur elles. Avant que de captiver les déſirs, le Légiſlateur avoit réduit & borné les beſoins. L'ambition de dominer à laquelle on s'immoloit, étoit une paſſion de la République ; & le dernier des ſoldats jouiſſoit de cette fauſſe gloire, avec autant de plénitude que le premier des Généraux. Véritablement eſclave, le Spartiate l'étoit par habitude & par goût, & ne pouvoit s'apercevoir qu'il le fût ; parcequ'il ne voyoit aucun homme plus libre que lui dans ſa patrie. En Pruſſe, c'eſt le Gouvernement *tout Militaire* qui a plié les mœurs à ſes principes ; & le petit nombre de loix civiles qu'il a dictées, porte l'empreinte de ſon injuſtice. Le Chef eſt un Deſpote, dont la volonté eſt la loi ſuprême pour tout le Peuple. L'eſclavage des ſujets, bien loin de leur être déguiſé, eſt groſſi aux yeux de tous par les gradations les plus choquantes. Le Roi qui

im-

imposa le joug, l'apésantit à son gré sur qui
bon lui semble, & ne laisse point envisager
d'autre motif de résignation ou d'encourage-
ment, que la crainte des châtimens dont il
puniroit l'indocilité: tout est rappellé à ses
passions; & il ne considère les hommes, que
relativement au service qu'il exige d'eux.
Licurgue fit recevoir ses loix, en persuadant
aux Spartiates, que leur indépendance des
autres Peuples de la Gréce seroit le fruit de
leur fidélité à les observer: Il leur présen-
toit du moins une récompense; & ce n'étoit
plus une récompense chimerique, dès qu'il
fut parvenu à former un intérêt national de
tous les intérêts particuliers confondus &
anéantis. Le Prussien a pour toute consola-
tion, l'espérance de s'associer des étrangers
qui partageront son esclavage & ses misères,
& qui seront malheureux comme lui, avec
lui. Il sent que le Gouvernement Militaire
peut rendre ses Rois plus riches, plus puis-
sans, plus redoutés; mais il ne voit ni bornes à leurs desirs, ni terme au devoir qu'ils
lui imposent de se sacrifier à leur ambition.

Rome en son enfance fut toute guerrière.
Ses Fondateurs étoient des Brigands, las du
brigandage & de la vie errante, qui voulant
se fixer, & former un Peuple, cherchèrent
plûtôt à ramasser des Compagnons, qu'à conquérir: Ils firent la guerre pour la composi-
tion & l'existence de leur Société. Sous le
second de ses Roïs, Rome eut une forme de
gouvernement tout-à-fait pacifique. Mais
Tullus son troisième Roi, fut un Prince ambitieux

bitieux & guerrier, qui eut honte de régner sur un peuple si peu nombreux, & dans un territoire de si petite étendue. De gré ou de force, il étendit sa domination; mais évitant d'altérer les institutions de Numa, il fit de sa passion de conquérir un intérêt général pour tous ses Sujets. Jusqu'à la révolution, Rome fut une Monarchie de l'espéce ordinaire, plus ou moins bien réglée selon le plus ou moins de génie & de talens de ses Rois. Lorsqu'elle fut en République; son Gouvernement fut tout-à-fait civil, & même il le devint à l'excès : ce qui y jetta le désordre & la confusion. Les Chefs, incapables d'accorder par de bonnes loix les deux ordres de la République aigris l'un contre l'autre, ne virent point d'autre moyen pour étouffer les effets de la discorde, que de distraire & d'occuper au-dehors, un peuple qu'ils ne pouvoient contenir au-dedans. Ils lui inspirèrent l'ambition des conquêtes, & le prirent autant par l'espérance du butin que par l'orgueil de dominer. Alors il fallut bien tourner du côté de la guerre une partie des anciennes institutions, ou en établir de nouvelles, convenables à cette nouvelle manière d'exister. Le Gouvernement devint militaire : mais ce fut sur un tout autre pié qu'à Sparte. Les Spartiates se promettoient de leur discipline le repos & l'indépendance de la République. Rome ne se proposa que de tenir perpétuellement son peuple en action. Ceux-là se subjugoient eux-mêmes pour se dérober constamment au joug étranger; cel-

le-

le-ci vouloit combattre sans cesse au-dehors, pour se procurer la paix au-dedans. Sparte ne traitoit en ennemis que ses Citoyens: Rome déclaroit la guerre à tous les peuples de l'univers qu'elle pourroit atteindre. L'une n'étoit que Militaire, l'autre étoit Politique Militaire & s'affichoit pour Conquérante. Toutes deux répandoient également le bien & le mal sur toute la République.

Le Gouvernement Prussien, *tout Militaire*, a réüni les principaux traits de Sparte & de Rome, sans avoir leurs besoins, sans admettre leurs exceptions. Le goût du feu Roi de Prusse pour l'argent & pour le despotisme, a chargé ses sujets du joug & de la pauvreté des Spartiates ; l'ambition du Roi régnant a donné à la Puissance Prussienne le caractéristique envahisseur de la Puissance Romaine: L'un & l'autre sont maintenant inhérens à la constitution de la monarchie ; le dernier détruit tout ce qui pouvoit faire excuser l'autre, & un Roi de Prusse est devenu l'ennemi de son peuple, & de tous les peuples qu'il peut aprocher.

Cette Puissance *toute Militaire* doit toûjours opprimer & conquérir, parce qu'elle est toûjours armée, & ne peut armer que des Forçats, vû que le Despote a lui seul intérêt à la guerre & aux conquêtes. Semblable à ces plantes gourmandes, que la trop grande abondance de leurs sels oblige à dérober le suc nourrissier des plantes qui les avoisinent, cette Puissance ne peut subsister qu'en donnant continuellement de nouveaux

pays

pays à dévorer à ſes ſoldats trop nombreux. Peut-être n'auroit-on à craindre de ſa part que des incurſions, ſi elle pouvoit, comme un végétable, remplacer par de nouveaux jets, la chute ou le dépériſſement de ſes rameaux. Mais elle ſe donna trop tôt cette conſtitution, qui mit tout-à-coup ſes Armées hors de proportion avec les autres claſſes de ſon Peuple. Elle entama irréparablement ſon propre fond de population; & ſon pays ſe refuſe à cette réproduction continuelle d'hommes, qui ſeroit néceſſaire pour ſes recrues. Il faut que par achat, par artifice, ou par violence, elle ſubvienne à l'entretien de ſes tronpes. Il faut qu'elle butine, vainque, & ſubjugue. La marche des Romains doit être la ſienne. Peut-être Sa Majeſté Pruſſienne auroit-elle avancé auſſi ſûrement qu'eux vers le même but, ſi n'enviant pas à ſes ſucceſſeurs le funeſte honneur de déclarer la guerre à la meilleure partie de l'Europe, Elle s'étoit tenue dans la politique inaction du Roi ſon Père, juſqu'à l'entier affermiſſement de ſon Gouvernement *tout-Militaire.*

L'Auteur de l'*Eſprit des Loix* devinoit ſans-doute la Puiſſance Pruſſienne, lorſqu'il poſoit en fait, qu'un Etat entiérement tourné au militaire, eſt ſûr de tout mettre ſous ſon joug, s'il entame ſes opérations avec la réſolution priſe de ne ſe laiſſer, ni arrêter dans ſa courſe, ni détourner de ſon but, par les événemens. Mais ce Politique hardi la conſidéroit à ſon point de perfection &

B

de

de maturité, tandis qu'elle étoit en son enfance; & donnant, à son ordinaire, pour des principes généraux les inductions qu'il tire de quelques traits frapans de ressemblance entre plusieurs Etats, il a assigné à la Puissance de Prusse le même sort qu'à la Puissance de Rome. Le Roi de Prusse a certainement pris les Romains pour modéle: Mais il a manqué ce modéle dès ses premiers pas; & il s'est abandonné dans la même carrière qu'eux, avant que d'avoir les mêmes avantages. Les Romains étoient environnés d'une multitude d'Etats, de force & d'étendue inégales, divisés entr'eux par l'émulation, la jalousie & la haine; Ils pouvoient compter que la ruine de l'un étant un spectacle agréable pour un autre, ils trouveroient autant d'Auxiliaires & d'Alliés qu'ils se feroient d'ennemis; D'ailleurs les correspondances entre les Etats étoient extrêmement bornées, ceux qui n'étoient pas contigus avoient à-peine entr'eux quelque relation; les terres situées au de-là de l'Arno étoient, pour ainsi dire, les terres Australes pour ceux qui habitoient aux bords du Tibre. Rome étoit certaine d'avoir affermi sa domination sur tous les petits Etats de son voisinage, avant que les Etats capables de s'oposer à son ambition & à sa puissance naissantes, fussent instruites qu'il leur importoit d'en arrêter le cours. Enfin Rome avoit sur tout ce qui l'environnoit une supériorité décidée, au moyen de laquelle il étoit

inévi-

inévitable qu'entraînant tout ce qui feroit en fon chemin, elle fe porteroit un jour fur les Etats plus éloignés & plus confidérables, avec une maffe de forces fuffifante pour les accabler.

Voilà ce qui a manqué au Roi de Pruffe, & ce qui met entre la Puiffance Pruffienne & la Puiffance Romaine une différence, que jamais la conformité des principes, & des vûes, ne pourra corriger. C'eft envain que le Monarque a efpéré que la furprife fupléeroit au défaut de la défunion, fur laquelle il devoit projetter. Il n'a fait que rendre l'allarme, & plus prompte & plus forte chez les grandes Puiffances, auxquelles il ne devoit marcher, qu'après avoir gagné ou fubjugué les Puiffances intermédiaires. On lui paffera d'avoir efpéré d'écrafer la Puiffance Autrichienne, qu'il défefpéroit de mettre en défaut. Mais il ne fe juftifiera point devant les Politiques éclairés, d'avoir penfé que la France, la Ruffie, & les autres Puiffances, ne feroient, ni réveillées, ni inquiétées par fes premiers coups. Il devoit connoître le Roi Electeur de Saxe, comme il connoiffoit fes liaifons d'affinité avec les principaux Souverains. Il s'eft fait illufion fur la façon de penfer de ce Prince; & de-là font venus les périls, là s'eft trouvé l'écueil de l'Ambition & de la Puiffance Pruffienne.

Sous le feu Roi Frederic Guillaume, la Pruffe étoit, rélativement aux forces & à l'harmonie de l'Europe, au même degré à

peu-

peu prés de petiteſſe que Rome en ſon enfance. Des deux voyes par leſquelles un petit Etat peut ſe donner un Militaire, qui forte de propotion, ce Prince dût choiſir la pire : parce que ſon Deſpotiſme ne lui permettoit point d'attirer à ſoi les Etrangers par l'apât de la licence & de la liberté ; il ſeroit devenu bien autrement puiſſant en beaucoup moins de temps par ce dernier moyen.

Les Puiſſances étoient fatiguées, épuiſées, par la guerre que les Traités d'Utrecht, de Baden & de Stockholm, avoient terminée. Elles ſe ſeroient diſſimulé un danger éloigné, pour ne pas s'arracher à un repos dont elles avoient beſoin. Ainſi que le Pays des Rois Romains, ainſi que celui des Coſaques au ſiécle paſſé, les Etats Pruſſiens ſe ſeroient remplis d'hommes de toutes les Nations qui ſeroient venus volontairement ſe mettre ſous les loix du Prince Peut-être que les Payſans de la Pologne & de la Bohême, certains d'être élevés à la dignité d'homme libre & de citoyen, ſeroient accourus groſſir ſon peuple. Mais eſclavage pour eſclavage, ils préférèrent celui auquel ils étoient accoûtumés, & où la ſervitude eſt tempérée par la religion & l'humanité. Le Roi fut obligé d'acheter les hommes, qui ſe donnoient aux Romains, & de faire des ſoldats de tous ceux dont Rome auroit fait des chefs de famille. L'armée qu'il laiſſa à ſon ſucceſſeur, étoit un corps délicat qu'il falloit éloigner du choc, parce qu'il n'y avoit point dans

l'Etat

l'Etat de quoi le réparer s'il étoit entamé. La conquête de la Silésie pouroit être comparée à la conquête d'Albe par Tullus. L'acroiſſement étoit à tous égards également avantageux, ſi on excepte qu'il y avoit un Tiers mécontent de l'acquiſition; & c'étoit un motif de plus pour s'apliquer uniquement à la joindre, à la cimenter avec la maſſe. Pendant pluſieurs régnes, & le ſiécle qui les ſuivit, Rome n'eut que des démêlés & des diſputes avec ſes voiſins.

Il ne faut pas donner dans le travers des Politiques ſpéculatifs, & attribuer à Rome une Politique qu'elle n'eut pas. Tout ſe réduit à des faits dont la bonne fortune de la République forma les liaiſons, & qu'il plaît aux modernes de combiner pour en faire un ſiſtême. Jusqu'au moment que la République Romaine, enhardie par ſes premiers ſuccès, ſe donna pour conquérante, elle marcha au hazard & à l'aveugle. Sa marche n'eſt méthodique à nos yeux, que parceque nous l'examinons d'après les événemens, qu'il plût à la Providence de diriger conſtamment vers un même but.

La Puiſſance Pruſſienne, à en juger ſiſtématiquement, étoit après l'union de la Siléſie, au même point que Rome après celle d'Albe. Il lui convenoit de couver ſes forces, d'acoutumer ſes voiſins à les voir ſans les craindre, & de ne paroître occupée que de ſa conſervation. Elle pouvoit conſidérer les Etats Germaniques dont elle eſt environ-

ron-

ronnée, comme Rome confidera les Etats qui
la preſſoient de tous côtés, diſtinguer ceux
qu'elle pouvoit vaincre ou gagner, & ceux
qu'elle devoit envahir ou détruire. La Saxe
reſſembloit aſſez à ce Pays des Sabins toujours foibles, toujours battus, & jamais do-
ciles. Ce n'étoit pas aſſez d'être en forces
à l'accabler; il falloit amener ſes Voiſins ou
ſes Alliés à être ſans intérêt ſur elle, ou à
n'y en avoir que pour concourir à ſa de-
ſtruction. Sans peut-être y avoir penſé, Rome ſe trouva dans cette poſition vis-à-vis
des Sabins, lorſqu'elle frapa ſur eux ſes der-
niers coups.

La conſtitution de l'Europe, bien différen-
te de celle de l'Italie dans l'enfance de Rome, ne permettant point au Roi de Pruſſe
de ſe faire des Alliés par les Armes, comme firent les Romains avec la plûpart des
Latins, le Monarque a ſubſtitué à cette méthode violente tout ce que le génie & les circonſtances préſentes lui pouvoient fournir.
Il a attaché à ſes intérêts, la Maiſon de
Brunswic par des affinités redoublées, la Maiſon de Caſſel par des eſpérances d'agrandiſ-
ſement, la Maiſon de Hannovre par une ambition commune. Il avoit donné une épou-
ſe de ſa famille au Roi de Suéde, au Duc
de Wurtemberg. Il comptoit s'être aſſuré du
Duc de Mecklenbourg par la crainte, avoir
ſoumis à ſon aſcendant les Princes d'Anhalt.
Il ſe promettoit de régner en Pologne par
les factions & la jalouſie des Grands, de contenir

tenir au moins le Roi de Dannemarc par son
goût connu pour la paix, de mettre le Sénat
de Suéde en défaut par des divisions intesti-
nes, de braver la Russie à l'aide de la distan-
ce, & de tromper la France en lui rappel-
lant de vieux intérêts. On n'oseroit assurer
que S. M. Prussienne ait pensé, que ces dis-
positions lui ouvroient & lui applanissoient
la carriére fournie par les Romains; mais
il est de fait qu'il y est entré de la même
manière qu'eux. Pour être le maître des
pays qui l'environnent, il ne falloit que mettre la Saxe sous son joug : il s'y présenta à
la Romaine à la tête de ses Troupes; & du
ton de cette République conquérante, il si-
gnifia au Roi Electeur qu'il falloit le combattre, ou joindre ses Drapeaux aux siens.

C'est là le trait de l'Histoire de nos jours
le plus favorable aux Panégyristes de la Politique Prussienne. Un mot du Souverain de
la Saxe donnoit au Roi de Prusse cette supériorité nécessaire pour le rôle qu'il prenoit; & en applanissant la marche des Armées
Prussiennes vers les Puissances capables de
leur faire tête, ce mot les portoit tous-à-
coup à leur destination. Quoi de plus sça-
vant & de plus exact, *disent-ils*, qu'une com-
binaison, à la perfection de laquelle il ne
manque qu'un mot? Où trouver plus de ju-
stesse politique que dans un plan, où tous
les obstacles à l'acquisition du réel de la Monarchie universelle en Europe sont rapellés
& réduits à la *rénitence* d'un seul Etat conti-

 gu,

gu , défarmé , enfin abfolument hors d'état de foûtenir fon refus?

Il eft vrai que cette affociation du Roi, Electeur de Saxe, foit volontaire, foit forcée , étoit un coup decifif. Mais c'eft précifément parce qu'elle étoit un préliminaire effentiel , qu'il étoit moins prudent d'agir d'après fa fupofition. Lorfque S. M. Pruffienne défefpéra de réduire le Souverain, Elle entreprit de conquérir le pays. Cette conquête qui devoit être rapide , traîna en longueur ; & le Monarque irrité s'en vengea en déployant fur ce malheureux pays tous les fléaux de la guerre & de l'opreffion. Cette vengeance le fit haïr , tandis qu'il falloit uniquement fe faire redouter. La Puiffance Pruffienne qui devoit fe répandre comme un torrent , ayant éprouvé comme une Puiffance commune le flux & fe reflux de la fortune des armes , fon Chef dût regretter de s'être fait connoître. Son rôle étant manqué , il ne pouvoit rien lui arriver de plus heureux que la permiffion de fe retirer ; & peut-être que le conflict des préjugés où l'Europe étoit encore à fon fujet , la lui auroit fait obtenir , s'il avoit moins laiffé apercevoir qu'il ne fe retireroit que pour revenir un jour mieux préparé , & plus certain de réuffir , reprendre le même perfonnage dans des conjonctures plus favorables. Souvent les Romains ont été obligés de céder ; & malgré leur réfolution prife de ne fe laiffer ni arrêter dans leur courfe, ni détourner de

leur

leur but, par les événemens, il leur a fallu reculer. Mais ils s'étoient réservé quelque reſſource dans la crédulité des ennemis qu'ils vouloient endormir. Ou le prétexte de la guerre jettoit une teinte d'équité ſur leur priſe d'armes; ou bien ils s'étoient montrés généreux dans leurs opérations; & le génie envahiſſeur maſqué par des vertus de détail, étoit caché à ceux qui auroient eu la force & le courage de combattre juſqu'à l'extrêmité pour s'y dérober. Hiéron, Philipe, les Grecs Achéens, Antiochus, Mitridate, traitèrent avec Rome, après s'être épouvés contr'elle. Les uns crurent qu'elle leur donnoit la paix de bonne foi. Les autres trop prévenus de leurs forces & de leur habileté, ſe flatèrent peut-être, que l'occaſion reviendroit auſſi favorable pour eux que pour leur ennemi. Tous ſe ſeroient également refuſés au traité, ſi Rome auſſi indiſcréte que Pirrhus, n'y avoit fait enviſager qu'une trêve, & le beſoin de reprendre haleine.

La réponſe des Romains à ce Prince conquérant étoit raiſonnée d'après ce principe. La République n'avoit point encore alors ſes vûes de conquêtes, ni ſon Gouvernement Militaire. Elle étoit ſur la défenſive. Elle avoit perdu deux Batailles; & Pirrhus aſſoibli par ſes victoires ne lui demandoit, pour ainſi dire, rien autre choſe que de lui laiſſer faire ſa retraite ſans honte. Ce fut envain que l'éloquent Cyneas mit en opoſition dans le Sénat de Rome, les avantages d'une prompte paix, & les périls d'une plus longue guerre contre un Prince guerrier, déterminé à vaincre ou à périr, & presque sûr du premier. Ces hommes sans ambition & presque sans talens, de qui le sens commun faisoit toute la science, connûrent qu'ils se perdoient s'ils laissoient respirer un pareil ennemi ; & que l'unique voye pour se procurer une paix solide & durable, étoit d'ôter à Pirrhus & à ses successeurs le désir & les moyens de revenir.

Le Roi d'Epire, au moment qu'il recherchoit les Romains d'accommodement, projertoit de nouvelles expéditions, & fondoit sur leur succès l'espérance de revenir contre Rome avec un plus grand apareil. Le Roi de Prusse, dans le tems où il paroît souhaiter la paix de l'Europe, ranime ses principes *tout Militaires*, & sa haine politique. Il dispose tout pour une Reprise plus *grosse*, & plus funeste à l'Europe que sa première Partie.

Dans les preliminaires impérieux, d'une paix insidieuse, où les Cours de Londres & de Berlin donnent pour des traits mémorables de la magnanimité Brittannique & Prussienne, que les deux Rois daignent offrir l'oubli du passé, que le Roi d'Angleterre consente à vendre trop cher la Paix aux François, que le Roi de Prusse ne demande rien de plus que la restitution & la garantie de

toutes

toutes ſes poſſeſſions, &c. Qui ne croiroit que les deux Puiſſances bravées, provoquées, attaquées par des ennemis jaloux & ambitieux, auroient à demander d'eux des ſatisfactions, & ſeroient parvenues à force de victoires à les pouvoir exiger ? Il n'eſt rien dit de leur concert pour une double ſurpriſe, qui dans l'ordre commun de la ſociété, ſeroit déférée comme un crime devant les Tribunaux civils. Il n'eſt fait aucune mention de tant d'inſultes & d'outrages faits à la Souveraineté, & à une Maiſon Souveraine, en qui l'Europe preſqu'entiere aime à reconnoître la Souche commune de ſes Princes. On ne parle point de tant de milliers d'hommes enlevés de force pour les Armées & les Provinces Pruſſiennes, de tant d'or & d'argent extorqué, de tant d'effets prétieux enlevés dans les Pays où les Troupes de Pruſſe ont pénétré, de tant de pillages méthodiques qui ont mis dans les coffres & ſur le compte du Monarque la licence & la rapacité du Soldat, de tant de Villes bouleverſées, détruites, ou déſertées, de tant de fabriques ruinées ou tranſportées, de tant d'édifices démolis pour le barbare plaiſir de démolir, de tant de terres dégradées, de tant de forêts gâtées, vendues, dénaturées, &c.

Les Pays que leur opulence & leur peuple nombreux mettoient en état d'arrêter la Puiſſance Pruſſienne ſur ſes frontiéres, en attendant le ſecours, ont entiérement changé de face.

face. Ce ne font plus que des Déferts, qui lui feront rempart, & à travers lefquels elle poura fe porter, avec cette célérité qui lui a manqué cette fois, fur les Puiffances Protectrices de la liberté générale. Bien-loin de préfenter à l'Allemagne une convention, une fauvegarde, contre ces enrôlemens forcés qui violent toutes les loix reçues entre les Souverains, qui outragent l'humanité, & feroient feuls le jufte motif d'une haine éternelle : le Roi de Pruffe, au moment qu'il paroît fouhaiter la paix, fait apefantir, & *propager*, autant qu'il eft en lui, ce monftrueux efclavage. Il fe trouveroit après la paix avec des armées plus nombreufes qu'avant la guerre. Le nombre de fes foldats, celui de fes fujets, feroient augmentés par la dévaftation des pays voifins dont le bien-être lui faifoit ombrage. Sa puiffance plus haïe, plus déteftée que jamais, dans ces E-tats qu'il a apauvris, pour s'enrichir de leurs pertes, attendroit-elle long-temps que des plaintes & des reproches, dictés par le reffentiment, lui donnaffent un prétexte, ou une raifon, pour s'en faire refpecter ?

Le grief de l'Europe à la charge du Roi de Pruffe n'eft point un grief perfonnel. De même qu'on admire le génie fingulier de Frédéric Guillaume, créateur du Gouvernement le plus funefte à la tranquilité & à la liberté publique, on admire le puiffant génie du Prince, qui ayant voulu fe fignaler fur une inftitution auffi contraire aux notions de la

bien-

bienfaisance, & de l'humanité, a sçu lui donner tout l'éclat & toute la solidité que l'esprit humain pouvoit lui procurer. C'est la
Puissance Prussienne que l'Europe entiére
craint & deteste. Plus S. M. a travaillé heureusement à perpétuer *le Gouvernement tout
Militaire* qui fait le malheur de ses sujets ;
plus les peuples de l'Allemagne en apréhen-
dent la contagion ; plus les Souverains pé-
res de leurs sujets en souhaitent l'anéantisse-
ment. Si les uns & les autres avoient pu
espérer que la Macédoine rentreroit dans
l'ordre en perdant son Alexandre, peut-être
que laissant le Météore se consumer de lui-
même, ils se borneroient à le resserrer dans
sa sphére. Mais S. M. Prussienne en veut
& à la génération présente, & aux générations futures. Les Princes ses Neveux, les
Princes ses Fréres, tous les Princes de sa
Maison qui sont dans ses Etats, sont formés,
ou se forment dans ses principes. Ce sont
des Soldats, ou des Capitaines ; & de tous
les traits qu'on cherche dans les hommes de
ce haut rang, on ne voit en eux que les
traits du guerrier. Le régime, les alimens,
les habits, tout sent le Militaire élevé à mé-
priser les commodités & les agrémens de la
vie. Les divertissemens mêmes n'ont rien
qui délecte, s'ils ne sont au moins une ima-
ge de la guerre : Une Revûe nombreuse,
une Parade où les Majors auront fait preu-
ve de la bonté de leur coup-d'œil & de la
force de leur bras, sont les spectacles les
plus

plus goutés. L'efprit eft cultivé, orné ... A quel degré ne doit-il pas s'être éxalté, pour confumer cette victorieufe bienveillance qu'ont tous les hommes, & que la divine Providence donne fpécialement aux Princes, pour le genre humain ? S'il en devoit être du Gouvernement Pruffien ainfi que des autres inftitutions politiques, dont la marche toujours lente vers leur perfection & leur période, eft une progreffion continuelle, & conftamment dirigée fur leurs premiers principes : il faudroit s'attendre, pour les générations qui fuivront celle-ci, à des prodiges de Defpotifme & de patience, inconnus aux fiécles les plus barbares.

NOTTE SUR LE SYSTEME

DE MR. G. PITT.

DÉja le Miniftére Brittannique avoit pour les affaires du déhors la même politique que la Cour de Berlin : Sans égard pour le bien-être des autres Etats, il travailloit à fe mettre audeffus de leur reffentiment. Il avoit changé en Décembre 1756. Mr. Pitt étoit à la tête du Gouvernement, & en avoit mis les principaux emplois entre les mains

de

de fes amis & de fes parens. Ce Miniftre connoiffoit les forces de fon Pays , & les préjugés de fes Compatriores: au lieu d'être gêné comme fes prédéceffeurs , fur l'ufage des uns & des autres , par des engagemens avec la Cour , il trouvoit une fatisfaction particuliére à s'aider de ces préjugés pour mettre toutes les forces du Royaume en action. Ses efpérances fe fondoient fur l'animofité du Peuple ; & il fentoit que pour la porter à fon plus haut point, il falloit le fixer à ce feul fentiment. La haine invéterée contre la France fuffifoit fans doute pour enflammer les efprits. Mais la paffion devoit être nourrie par l'apât du butin; & ce butin étoit au-deffous du médiocre , fi les Puiffances Neutres reçues en vertu de leur Neutralité à faire le commerce pour la France, mettoient les François en état de ne paroître en Mer qu'avec des Vaiffeaux propres au combat. Dès-lors les Etats Neutres furent traités à peu près en ennemis. Leurs plaintes & leurs menaces fûrent reçûes avec une égale indiférence. Ce fut par pure complaifance pour le Parti Anglois de Hollande, que le Miniftére Britannique ne donna pas le defaveu formel des tempéramens propofés à la République: il auroit fouhaité que les Etats Généraux euffent eu moins de patience , & qu'en augmentant les périls de l'Angleterre, ils euffent renforcé le reffort moteur de la Nation Angloife. Mr. Pitt avoit donné d'abord à ce dernier tout fon jeu , par une o-
péra-

pération qui l'avoit érigé en Tribun du Peuple. Il avoit annoncé qu'il libérreoit la Nation des subsides Étrangers (dont elle portoit impatiemment le fardeau) en abandonnant à eux - mêmes le Roi de Prusse & l'Électorat de Hannovre. Ayant satisfait à ce premier préjugé, il tira bientôt parti de l'autre. Depuis long-tems le Peuple Anglois se croit assez puissant pour n'avoir besoin que de ses propres forces contre ses ennemis; & il pense que l'Empire de la Mer lui peut tenir lieu de tout. L'habile Ministre lui donna l'Empire de la Mer pour son unique intérêt, & lui proposa de diriger vers cet objet tous ses efforts. On lui applaudit unanimement. Tous les ordres du Royaume se livrèrent à l'esperance. L'acquisition parut certaine ; on considéra peu ce qu'elle devoit couter, parce qu'on se tint assuré de trouver à s'en dédommager abondamment, après l'acquisition faite. Voilà comment un seul homme fit changer de face aux affaires Britanniques. La France n'avoit garde d'être préparée contre un ennemi qui bravant toute méthode, & rompant toute mesure, venoit à elle en désesperé. Quoique les Puissances interessées à la liberté de la Mer fussent aussi étonnées que la France, elles ne voulûrent point risquer de faire digue à un Torrent, dont l'impétuosité ne pouvoit être de longue durée; elles remettent à se vanger de ses ravages, quand le dessechement de sa source ôtera la crainte de son retour.

LETTRE

D'UN

PATRIOTTE ANGLOIS

A MR. G. PITT.

MONSIEUR,

VOus reconnoiffez dans votre Lettre ex-
traordinaire à Mr. . . . . dans la Cité,
& inférée dans les Papiers Publics, que vous
vous êtes fouftrait aux Affaires du Confeil,
parce qu'il ne vous étoit plus permis de les
diriger. Vous y affûrez en même tems que
vous avez été recompenfé de vos fervices,
fans avoir été corrompu.

Cette affertion eft le principe fur lequel
vous appuïez votre défenfe; j'en fuis entie-
rement d'accord avec vous

Il eft de l'honneur de S. M. de ne laiffer,
fous aucun prétexte, des fervices extraordinaires fans recompenfe, & n'aiant aucun Projet contraire à la Conftitution du Royaume,
Elle ne fauroit emploier la corruption.

Mais, Monfieur, dites-moi, au nom de
Dieu, comment eft-il poffible à tout homme équitable, de ne pas s'appercevoir de l'a-
veu que vous faites? Si vous êtes toujours

C

celui

celui qui dirigez le Cabinet, vous êtes le seul qui le composez tout entier.

Si chaque Membre, dont le Sentiment auroit été contredit, se fut retiré du Conseil, l'un n'étant pas plus privilegié que l'autre de prendre ce parti, il y a longtems qu'aucun n'y seroit resté hormis vous.

Parmi d'autres extravagances, auxquelles votre pouvoir excessif a donné lieu, je vous ai vû qualifié dans les Papiers Publics du Titre de Dictateur, & ici vous déclarez qu'aucun rang au-dessous de celui-là pouvoit vous satisfaire.

Mais vous devez savoir que dans la Constitution Britannique il ne se trouve point de provision pour un pareil Emploi, réel ou accidentel, formellement ou virtuellement établi: qu'au contraire on ne vit jamais qu'une fois exister un pareil Monstre parmi nous, & qu'alors son pouvoir étoit fondé sur les ruines de la Constitution de l'Etat.

Oui, Monsieur, lorsque nous avons un Dictateur, nous cessons d'avoir une Constitution. . . . ; & tel étant le cas, qui hésitera de dire que celui, qui découvre une ambition d'être ce que l'on n'eut jamais la pensée que devint un Roi, mérite l'Ostracisme, fûtil aussi équitable qu'Aristide, aussi sage que Thémistocle, aussi brave qu'Epaminondas & aussi éloquent que Démosthene?

Vous fûtes d'abord, Monsieur, exciter le ressentiment du Public, en lui suggérant faussement que l'on vous avoit congédié du Conseil; & lorsque l'on sut que ce qui s'étoit

passé

paſſé étoit un effet de votre pure volonté ;
la foule de têtes à faux préjugés, comme ſi
elle étoit déterminée à avoir tort en tous
ſens, fut encore plus indignée de votre pré-
tendue corruption, que de votre abandon
actuel du ſervice public.

Quant à moi, j'ôſe dire que cette démarche,
que vous avez faite par un mouvement de
chaleur, étoit également inutile & inexcuſable.

Inutile, Parce que les humbles Sentimens
du Lord Temple & les vôtres, qui ont été
remis par ecrit au Conſeil, & qui, à ce que
nous eſperons, ſeront produits pour faire
voir ce dont vous êtes reſponſable; ces humbles ſentimens, dis-je, vous auroient rendu
les mêmes bons offices, ſi vous aviez abandonné modeſtement, ou du moins ſuſpendu
vos avis, au-lieu de réſigner vos Emplois....

Inexcuſable, puiſque connoiſſant vous-mê-
me votre toute-ſuffiſance, comme il n'eſt
que trop apparent que vous en êtes convaincu, vous n'ignoriez pas auſſi quelle fermentation vous alliez cauſer dans les eſprits, &
les pernicieux effets qui pouvoient en ré-
ſulter.

En un mot, qu'avons-vous beſoin, Monſieur, de nos ſoupçons, tellement fondés,
qu'entre les motifs ſecrets qui vous ont por-
té à un ſi brusque procedé, l'un étoit un trait
malin d'amour-propre, vû que dans votre
palliatif même vous êtes ſi abſolument épris
de votre capacité, de votre droiture & de

C 2

votre

votre suffisance, que vous laissez, sans le moindre remords, couler la veine que vous avez ouverte, au risque de ce qui peut en arriver.

J'ai l'honneur d'être, &c.

REMARQUES

SUR

LA CONDUITE

DE Mr. G. PITT.

Lorsque Mr. Pitt. entra dans le Ministere, il trouva le tout disposé à céder à son ambition. Le feu Roi, dont l'amour pour sa Patrie peut être à juste titre rangé parmi ses vertus, doit certainement avoir été extrémement satisfait de la complaisance d'un Ministre qui favorisoit si à souhait sa passion favorite, qui répandoit le sang & les thrésors de la Grande Bretagne dans l'Electorat de Hanover; mais avec une telle profusion, qu'aucun autre Ministre n'auroit ôsé, ou dû l'entreprendre qu'au prix de sa tête.... Chaque Membre du Gouvernement concouroit à suivre ses avis, j'ai honte de le dire, avec une soumission implicite à ses volontés. On équippa des Flottes, ou leva des Régimens,

mens, on projetta des expeditions, & la Thréforerie fournit fes millions pour être employés conformément à fes ordres.

Il exerçoit ainfi une efpéce de Defpotifme, étranger à notre Conftitution & deftructive de toutes idées de liberté, jufqu'à ce que pour la premiere fois, & il doit l'avoûer lui même, il fut contredit fur une propofition trop précipitée, trop importante & trop injufte pour être epprouvée, foit par condefcendance du Roi, ou de fes Miniftres. Il propofa de déclarer fur le champ la guerre à l'Efpagne, dans un tems que cette Courronne nous donnoit toutes les affûrances poffibles du fentiment où Elle étoit d'entretenir l'amitié & la bonne harmonie qui fubfifte entre les deux Nations, & qu'il eft de leur intérêt mutuel de maintenir.

On conçoit difficilement, qu'il pût ou efperer ou fe flatter de réuffir dans une propofition auffi extravagante. Quoi! déclarer la Guerre, & entamer des hoftilités contre une Nation amie, fans ni demander fatisfaction de prétendues infultes, ni une reparation de dommages, ou même fans une préallable explication de Griefs? Le Droit naturel, celui des Gens, les obligations des Traités, le fens commun de l'Equité & de la Raifon condamnent également un procedé auffi violent & auffi injufte. . . . .

Mais que lui avoient fait jufqu'à préfent les Efpagnols pour exciter fon indignation, & pour juftifier fon refentiment? Il n'a produit aucun exemple particulier de leur par-

C 3

tialité

tialité pour la France, ni de Nouvelles atteintes, qu'ils eussent portés au droit que nous avons de couper du bois de Campeche, & qui est contesté depuis si longtems, ni même de leur injustice à l'égard du Vaisseau l'Antigallican & de sa Prise, ni même de quelques autres indignités, qu'il a souffertes partiemment pendant tout le cours de son administration. Mais il semble que le période, auquel il devoit résigner ses Emplois, n'étoit pas encore éclos, ou il n'étoit point encore las de guider & de gouverner; mais lorsque il eut vû de plus près le Port, vers lequel le Navire cingloit à toutes & pleines voiles, & le poids dont il l'avoit chargé, lors, dis-je, qu'il apperçut les rocs, les bas-fonds, & les bancs de sable qui menaçoient son entrée dans le Port, lors enfin qu'il découvrit les côtes couvertes des débris de la réputation des Ministres précédens, qui avoient fait naufrage, il eut la prudence d'abandonner le Gouvernail, & de se retirer dans sa loge, comme simple Passager.

Mais encore une fois, que lui avoit alors fait l'Espagne? Elle avoit prié la France de lui prêter ses bons offices envers la Grande Bretagne, afin que le Ministre de la Cour de Versailles, en dressant les articles généraux de la Paix, fît en même tems attention à des sujets de plainte mutuelle entre nous & les Espagnols, lesquels pourroient peut-être aboutir dan la suite à une rupture entre les deux Couronnes, & troubler la tranquilité de l'Europe. Qu'y avoit-t-il là de si injurieux

ou

ou de si offensant, qui pût justifier la déclaration de guerre de la Nation, ou particulie-
rement la conduite du Ministre, qui avoit
ressenti avec un esprit trop passionné,
quelques indignités, quelque injustice de la
part des Espagnols?

Peut-être que Mr. de Bussi avoit outre-
passé sa Commission, s'en acquittant avec trop
peu de ménagement; ou si cette Lettre pouvoit avec raison nous causer de l'ombrage,
pourquoi n'en avoir pas demandé l'explication, ou éxigé de Copie, on ne nous l'auroit pas
refusé ,, Non, mais certainement les Espagnols
,, nous déclareront la Guerre. Prévenons
,, les": Lorsqu'on objecta fortement qu'ils y
penseroient deux fois avant de declarer la
Guerre à ce Royaume: ,, Je ne veux pas leur
,, donner le tems de penser, repondit vive-
,, ment notre Ministre. C'est aujourd'hui le
,, vrai tems; écrasons toute la Maison de
,, Bourbon. Mais si les Membres de ce Con-
,, seil sont d'un autre avis, ce jour est le
,, dernier que j'aurai part à ses déliberations.
,, Je fus appellé au Ministere par les suffra-
,, ges du Peuple; c'est à lui, que je me tiens
,, comptable de ma conduite. Je dois des
,, remercimens aux Ministres du feu Roi pour
,, leur assistence. J'ai servi ma Patrie avec suc-
,, cès; je ne pretends pas plus être respon-
,, sable des operations de la Guerre, qu'au-
,, tant que j'en ai eu la direction." Cette derniere declaration n'étoit rien moins qu'équi-
voque; c'étoit demander franc & ouver-
C 4

tement

tement une autorité fans bornes & une obeif-
fance fans réferve.

L'illuftre Lord qui prefidoit à ce Confeil, homme à qui l'âge a ajouté la Sa-
geffe que donne l'experience, fans avoir
rien ôté de fa vigueur & du feu de la jeu-
neffe ; homme dont les talens naturels &
acquis font fans contredit aufi diftingués
que ceux dont le Perfonnage en queftion
pourroit fe glorifier, lui qui étoit le plus
temeraire qui ait jamais dirigé les affaires
de cette Nation, lui fit cette reponfe de
fens froid. ,, Je vois que Monfieur eft ré-
,, folu de nous quitter. Je ne faurois dire
,, non plus que je fuis faché de fa retraite,
,, parce qu'autrement il nous auroit fans dou-
,, te obligés de le quiter nous mêmes. Mais
,, fi Monfieur eft dans l'intention de s'arro-
,, ger le droit de confeiller S. M. & de di-
,, riger les opérations de la Guerre, à quel
,, propos fommes nous convoqués à ce Con-
,, feil ? Lorfqu'il fe dit refponfable au Peu-
,, ple, il ne tient pas le langage de la Cham-
,, bre des Communes ; & oublie qu'etant
,, préfent à ce Confeil, il eft uniquement ref-
,, ponfable au Roi. Cependant, quoiqu'il
,, foit peut-être lui même convaincu de fon
,, incapacité, il veut que nous en foyons
,, egalement convaincus, avant que nous
,, puiffions foumettre nos lumieres à fa di-
,, rection, ou tomber d'accord fur les mefu-
,, res qu'il propofe ".

Il fupporta l'aigreur de cette & réponfe,
fans

fans aucune replique ; mais il étoit allé trop a-
vant, quoique peut-être non fans regret,
pour pouvoir s'en dedire. Auffi réfigna-t-il
les fceaux, qui furent repris avec plaifir &
fermeté, à quoi il ne s'étoit vraifemblable-
ment point attendu. Sa M. exprima avec fa
bonté ordinaire le chagrin qu'Elle avoit de
la perte d'un auffi habile Miniftre, & pour te-
moigner combien elle étoit fatisfaite de fes fervices, Elle daigna genereufement lui offrir quelques récompenfes, fuivant le pouvoir de la
Couronne. Enfuite elle ajouta, que quant
aux mefures propofées, il fe feroit certainement trouvé fort embarraffé de favoir
comment il auroit agi, quand même tout le
Confeil fe feroit réuni en faveur de fon
opinion. Ce fentiment fait au Roi un honneur infini, en ce qu'il maintient non feule-
ment une prérogative de la Royauté que ce
Prince doit à jamais conferver pour le bien
de fon Peuple, mais enfin en ce qu'il fou-
tient les plus nobles prérogatives de fa raifon, de fon entendement & de fa confcience:
Mais il eft bien apparent que ces prérogatives ne furent jamais un objet de l'attention
de Mr. Pitt. Cependant cette faveur, qu'il
reçut, le toucha fenfiblement: *J'avoue*, Sire,
,, dit-il, que je n'avois que trop de raifons de
,, croire que je deplaifois à V. M. Je ne m'é-
,, tois point preparé à recevoir une marque de
,, bonté fi finguliere. Pardon, Sire, elle eft
,, au deffus de moi, elle me ferre le cœur".
Il fondit en larmes.

C 5

Le

Le Lendemain il établit avec le Lord B***, sa Pension & le Titre de Madame son Epouse, l'un & l'autre apparemment de son propre choix. D'abord ses amis s'inscrivirent en faux contre la Pension, que l'on disoit qu'il avoit acceptée, ils traiterent ce bruit de bas & honteux Artifice pour noircir sa reputation, & parlerent avec horreur de cette Pension, comme n'étant pas convenable qu'il la reçut d'un maitre qu'il n'avoit pas jugé à propos de servir plus longtems. ,, Quel ti- ,, tre, s'écrioient ils, peut approcher de ce- ,, lui d'être nommé le Ministre zélé de sa ,, Patrie, le Ministre du Peuple ? Quel hon- ,, neur peut réjaillir sur sa postérité égal à ,, la verité de l'Histoire, *qu'il a sauvé sa Pa-* ,, *trie de ruine & de reproche, en l'élevant au* ,, *faite de la gloire & la prospérité* " ?

DISCOURS

SUR LES

MOYENS & la NECESSITÉ

DE CONTINUER

LA GUERRE. *

Quelque contraire à l'opinion commune que paroisse la proposition, que la Nation est aujourd'hui plus en état de continuer la Guerre, que lors de son Commencement, j'éspére néanmoins qu'elle paroîtra susceptible de quelque vérité, si l'on fait attention, que la force de la Nation consiste plus dans la valeur & *La bravoure de ses Soldats* que dans le nombre de ses habitans, plus dans *la Grandeur de son Credit* que dans ses richesses actuelles, plus dans sa *reputation*

---

* Ce discours est encore un fruit du Systême de Mr. Pitt, qui durant la Negociation de la Paix avec la France ne pensoit qu'aux moyens de persuader la Nation pour la continuation de ses depenses ruineuses, & de l'entrainer même dans une nouvelle Guerre, en attaquant les Vaisseaux Espagnols avec la même bonnefoi qu'on a attaqué les François en 1755.

tion d'exploits *Militaires*, que dans l'étendue de fa puiſſance. Si l'on admet cette ſuppoſition, ne s'enſuit-il pas, que la force de la Nation eſt maintenant plus conſiderable qu'elle n'étoit au Commencement de la Guerre? ces trois moyens de force ne s'étoient point encore déployés, comme elles ont fait depuis ce tems-là.

Mais aujourd'hui que nos Armes ont été miſes à l'Epreuve de tous côtés, & qu'elles ſe ſont montrées ſi victorieuſes, qu'hormis une ſeule occaſion, à peine l'Ennemi a pû faire face à nos Troupes, ſoit ſur terre, ou ſur mer, quoique même ſuperieur en nombre, ne doit-on point convenir qu'en cette partie de notre force, qui conſiſte dans *la bravoure de nos Soldats*, la Nation eſt dans le periode d'épreuve ſuperieur à ce qu'elle étoit au commencement de la Guerre?

Quant à notre *Credit* ou à notre opulence, qui conſtitue la ſeconde partie de notre force, j'eſtime qu'à la honte de nos Ennemis & contre leur unique eſperance, ce Credit paroîtra à preſent plus étendu qu'il ne l'a jamais été, malgré l'accroiſſement conſiderable de la Dette nationale, ou le prix actuel des Actions.

On peut ſe rappeller, qu'avant la Guerre on répréſenta generalement, & peut-être à deſſein, que le Credit public étoit à ſon plus haut dégré; qu'on ne pouvoit ſuppoſer de Taxes ultérieures: qu'ainſi il falloit digerer toute violence ou injuſtice, plûtôt que de

courir

courrir les risques d'une autre Guerre. Il n'est plus douteux, que ces fausses, mais flatteuses representations, dont les Agents François sont si empressés à se prévaloir, ne fussent les fondemens sur lequel la France appuyoit ses procedés, qui lui ont été si funestes jusqu'à ce jour. Cependant nous avons vû, que malgré l'augmentation considérable de notre Dette nationale, le payement des intérêts, au moyen d'une prudente reduction faite ci-devant, n'excéde pas aujourd'hui de beaucoup ce que l'on payoit à cet égard avant la Guerre.

Ainsi, si l'on ajoute à cette Consideration, le grand accroissement de Commerce depuis ce tems-là, la vaste étendue du Credit public, que nous avons incontestablement acquis par nos succés, & qui par diverses circonstances étoit au moins précaire, dans le commencement; si, dis-je, nous considerons tout cela, ne s'ensuivra-t'il pas, que dans ce second article de notre force, nous sommes plus puissants que jamais, non seulement parceque notre Credit & sa sûreté sont mieux établis par nos succés; mais aussi, de ce que les sommes que nous payons pour les intérêts, ne sont pas plus considerables par cette reduction, tandis que nos facultés & l'idée de notre seureté sont augmentées par l'accroissement de notre Commerce.

Il est sorti du Royaume, il est vrai, de grosses sommes, pour soutenir nos braves Alliés dans le Continent; mais plusieurs, qui peut-

peut-être font mieux inftruits des faits , eu
égard à ce que nous fommes une Nation com-
merçante , font d'avis qu'il importe à notre
Gloire & à notre honneur , & qu'il eft de notre intérêt effentiel, qu'un Ennemi invétéré
ne nous approche de trop près , & qui s'il
étoit victorieux, pourroit alors aifément augmenter fa puiffance, jufqu'au point, de nous
faire appréhender chez nous le Danger,
du moins de caufer une interruption dans le
Commerce, fuppofé qu'il ne fit rien de plus.
Outre cela c'eft un moyen d'épuifer les tréfors de l'Ennemi, de diminuer le nombre de
fes fujets, de deshonorer fes Armes, & de les
rendre par-là moins capables de fuccès fur
terre, & d'exécuter d'autres projets: ce qui
doit nous porter à nous en tenir à ce moyen
auffi longtems qu'il eft poffible. Tous ceux,
donc, qui font cas de la profpérité dont nous
jouiffons ici prefentement, exempts des calamités que fouffrent les pays où le theâtre
de la Guerre fe trouve établi, confentiront
de bon cœur, fans doute, à porter encore
le fardeau des depenfes pour la Guerre dans
le Continent, comme néceffaires pour de-
tourner de nous ces calamités, & reduire nos
Ennemis à accepter nos conditions de Paix.
Aurefte, les tréfors ainfi tranfportés hors du
Royaume, doivent, fuivant toute apparence,
y rentrer en abondance au retour de la Paix,
fi-non ils feront employés à achetter la tranquillité future, la fûreté, la Gloire, & la
profpérité, fondemens des plus grandes Ri-
cheffes.

Quant

Quant à la derniére branche de notre force, laiſſons à part la priſe & la ruine des
trois quarss de la Marine de la France, le
reſte hors d'état de ſervir, la perte totale ou
l'interruption de ſon Commerce & Credit, la
la priſe ou la ruine de la plûpart de ſes Iſles,
Ports & Colonies, dans toutes les Parties
du Monde (circonſtances humiliantes qu'elle
n'a point éprouvé ſi ſenſiblement dans aucune
des Guerres precedentes), en un mot laiſſons
à part les progrès extraordinaires que nous
avons fait d'une maniere ſi etonnante par tout
le Globe à leur honte & à leur desavantage,
laiſſons les, disje, à part; & ſi ce ne ſont
pas des marques de la bravoure ſuperieure
de nos Troupes, au moins ils manifeſtent
les faveurs particulieres du Ciel, ou, ſi ils
l'aiment mieux des coups de la fortune. Voila
la reputation que nous nous ſommes acquiſe
par nos armes, & celle dont nous ne pouvions
nous glorifier au commencement de la Guerre.

A ces différents parties de notre force actuelle, outre celle au commencement de la
Guerre, ajoutons ce qu'on n'avoit encore
jamais vû ici avant cette Epoque; j'entends,
cette parfaite & entiere unanimité de ſentimens, qu'on ne ſauroit aſſer louer & admi-
rer, unanimité ſous les glorieux auſpices
d'un jeune Roi, également excellent & ver-
tueux, les delices & la Gloire de ſes ſujets;
article de force, qui ſeul doit ſervir à af-
fermir les trois autres: article qui, joint au
reſte, nous rend aujourd'hui plus puiſſans que

nous

nous n'étions avant la Guerre , & parconse-
quent plus capables de la continuer , s'il est
necessaire ; cet article enfin , doit nous inspirer
de la resolution & de la fermeté , à la pousser ,
en cas que l'Ennemi refuse de donner les
mains à une paix aux conditions raisonnables &
équitables qui lui sont proposées.

Sic. Mundus. . ..

EXTRAIT DE TROIS LETTRES

D'UN NEGOCIANT ANGLOIS

À SON

CORRESPONDANT à LISBONNE,

Sur la Rupture de la Negociation de Paix,
& sur la Conduite & la Rupture
avec L'ESPAGNE.

LETTRE I.

Londres le 29. Sept. 1761.

MONSIEUR,

Toutes nos esperances sont évanouïes, & le retour prochain de Mr. *Stanley*, qui a dû partir de *Versailles* Vendredi *dix-huit de ce mois*, nous annonce la continuation d'une Guerre qui fera à la fin tomber notre Commerce, malgré tous nos succés, toujours enflés dans nos papiers publics. Je ne sais

D   quel-

quelle peut être la Politique de Monsieur *Pitt*
en refusant les conditions avantageuses que
la France nous a proposé, mais je n'ignore
pas, que l'épuisement de nos Fonds, l'ef-
poir de rentrer dans l'Isle de *Minorque*, de
rester en possession du *Canada*, & de nous dé-
gager enfin d'un Allié onereux, auroit dû
amener notre Ministére à une paix utile à la
Nation, & glorieuse pour Sa Majesté.

La Guerre a ses momens orageux; les prof-
pérités n'ont qu'un tems; & il peut fort bien
arriver, que dans un an ou deux nous foyons contraints de demander nous-mêmes la
paix que nous rejettons aujourd'hui avec
hauteur, & que nous fassions alors des propositions aussi avantageuses à la *France* que
celles que nous venons de refuser. Qui sait
même, Monsieur, qui sait si l'*Espagne*, qui
nous demande une Justice qu'on lui denie
depuis longtems, ne pourroit pas profiter de
la Continuation de la Guerre pour se vanger: Je ne suis qu'un Negociant, mais mon
Interêt m'éclaire sur les dangers que la *Grande Bretagne* peut courir, & je crains que les
succès qui nous enorgüeillissent, ne finissent
par nous appauvrir. Ce n'est pas la premié-
re fois, qu'au comble des succès, nous a-
vons éprouvé la misère : Le Duc de Mal-
boroug vainqueur des *François*, rüina l'*Angleterre* par son obstination à continuer une
Guerre, dont la gloire de l'Etat n'étoit que
le prétexte, & le desir de perpétuer son autorité, la véritable cause.

A

A Dieu ne plaise que j'impute des vûes aussi peû citoiennes à notre Secretaire d'Etat; mais enfin, je crois qu'il aura à se reprocher d'avoir rejetté les propositions de la *France*, & de n'avoir pas satisfait l'*Espagne*, dont l'Interêt de notre Commerce exige que nous conservions l'amitié. A l'égard de la *France*, il arrivera, Monsieur, que si nous continuons à lui faire la Guerre heureusement, nous serons, à force d'être épuisés, obligés de faire la Paix avec elle aux conditions que nous refusons; & que si la chance tourne, nous serons contraints de traiter moins avantageusement.

Les talens de Mr. *Pitt* sont vastes, je le veux, mais depuis longtems les vrais patriotes, les hommes sincérement *Bretons*, les voient obscurcis par une animosité qui finira par augmenter le nombre de nos ennemis, & par mettre le comble au discrédit de nos papiers publics, qui baissent de jour en jour.

L'Emprunt de huit millions sterling que le Ministère Britannique avoit traité comme une affaire de commerce, & qu'il crut, ou feignit de croire terminé avec demi douzaine de Négocians de Londres, a été traversé par la découverte de la Charlatanerie du Ministère. Les Négocians qui sembloient avoir pris la dette pour leur compte, & ne chercher que des croupiers, ont refusé jusqu'à leur nom, quand ils ont vu, qu'au-lieu du concours auquel ils s'attendoient, il ne leur venoit que de steriles éloges, sur le service

qu'ils

qu'ils rendoient à l'Etat : ils se sont affichés pour simples Courtiers du Gouvernement ; & bientôt ils ont rendu la commission.

Comme il est notoire que la masse qui est maintenant dans la circulation, ne surpasse pas quinze millions, chacun a senti que l'emprunt venant à être pris sur ce qu'il produiroit à l'Echiquier, ces nouveaux Créanciers deviendroient incessamment les plus onéreux, & les moins dignes de faveur. On n'a pas même osé y risquer le Papier, parce que toute suspecte qu'est sa première nature, elle l'est encore moins que la nouvelle qu'il auroit prise. Le Ministère qui avoit compté sur cet emprunt, ne pouvoit plus s'en passer ; & la somme étant trop forte pour être procurée par d'autres opérations d'un plus grand détail, il a fallu essayer d'éblouïr par l'apât du gain. * D'abord, on n'a demandé qu'une

---

* L'Imposition nouvelle, qui surpasse considérablement toutes les précedentes, a effrayé tout le monde. Les Hollandois seuls, que le gros intérêt de 5 pour cent aveugle, tiennent bon. Ils vendent & leurs maisons & leurs Obligations, pour envoyer en Angleterre l'*argent comptant*, sans penser au bien public, étayé par les Loix de la Nature & des Gens, qui defendent pareilles exportations, parcequ'elles ruinent à la longue les Etats qui les souffrent, & les rendent esclaves des Volontés impérieuses de leurs voisins ambitieux, qui ne visent qu'à les engloutir, quand le manque d'alliés, uni à celui du *Comptant*, les laissera hors d'état de s'opposer à leurs Violences.

qu'une partie comptant aux Prêteurs, & on leur a accordé jouiſſance de l'intérêt du tout. Enſuite, l'annuité a été offerte double, & preſque triple, à ceux qui payeroient les Actions en eſpéces. Enfin chaque Action de 100 livres donnant à ſon acheteur un billet gratis d'une Loterie, dont un billet eſt eſtimé de 3 livres, le Gouvernement ſe trouve payer 7 pour cent du Papier qu'on lui prête, & qui lui coutera peut-être juſqu'à 14 pour être réaliſé. De ce premier embarras, il faut abſolument qu'il tombe dans un autre encore plus fâcheux: plus il aura reçu d'argent comptant de ces nouveaux créanciers, plus il recevra du Papier dans la levée des impoſitions; & l'exportation des deniers, qu'il ne ſçauroit éviter (pas même pour l'Amérique, où les Colons refuſent d'échanger leurs denrées pour les Troupes, contre le Papier le plus autoriſé) rendant l'eſpéce plus rare dans les trois Royaumes, quel monſtrueux Change ne ſera-t'il pas obligé de payer aux Hollandois & aux Hambourgeois, pour les Remiſes qu'il doit faire en nature à ſes Alliés en Allemagne?

Entre l'Angleterre & la France, la diference eſt préciſément la même qu'entre deux Seigneurs; dont l'un a déja ſes terres en décret, & l'autre craint d'expoſer les ſiennes à y être miſes. Le premier cherche reſſource, & la veut trouver à quelque prix que ce ſoit. Le ſecond eſt plus circonſpect, à meſure que ſa néceſſité devient plus preſſante. Il ſe roidit

D 3

dit

dit contre le préfent, pour fe dérober à un avenir fâcheux ; tandis que l'autre, dont le fort futur eft déjà décidé, facrifie tout pour fe tirer d'un embarras préfent.

J'ay l'honneur d'être &c.

LETTRE II.

Londres le 4 Janvier 1762.

MONSIEUR,

CEque j'ai prédit dans ma derniere Lettre, vient d'arriver ; mais il me paroît que Mr. *Pitt*, qui s'eft retiré du Miniftère depuis que j'ai eû l'honneur de vous écrire, s'eft contenté d'exciter l'orage en laiffant au Comte d'*Egremont* le foin de l'écarter. Notre Cour fut informée dans les premiers Jours du Mois d'Octobre, que les Cours de *Verfailles* & de *Madrit*, on plutôt que les deux branches de la Maifon de *Bourbon*, venoient de fe réunir plus intimement par un Traité. L'inquiétude a faifi notre Miniftère, quoique ce Pacte de Famille, fait en Août dernier, & les efforts étonnans de la France pour obtenir la paix, malgré la Conclufion de ce Traité, dûrent prouver qu'il n'étoit que *deffenfif*. Mais comme on avoit refolu de faire la Guerre à l'Efpagne, les ordres les plus précis & les moins menagés ont été

envoiés

envoiés à Notre Ambaſſadeur à *Madrit*, de demander une promte communication du Traité, & d'annoncer, en cas qu'on la lui refuſât, *qu'il alloit ſe retirer & que Notre Cour prenoit ce refus pour une declaration de Guerre.* Convenez que cette conduite ne porte point avec elle l'empreinte de cette circonſpection, que la politique vouloit que nous euſſions avec une Puiſſance que nous devions ménager. Le Roi *Catolique* revolté des hauteurs de Notre Miniſtère, qu'il ne confond point avec le Caractére de Notre Jeune Roi, a repondû au comte de BRISTOL, *qu'il pouvoit partir quand il le voudroit, & que le ton impérieux du Miniſtère Britannique annonçoit d'avance ſes deſſeins.*

La méſintelligence a été ſuivie d'une *Declaration de Guerre*, qui vient de ſe publier ſolemnellement dans tous les quartiers de cette ville; cette demarche qu'on attribuë à Mr. *Pitt*, va faire changer la face de nos affaires, & mettre le comble à l'épuiſement de la Nation.

Nos Politiques ſe flattent que la *Hollande*, avec laquelle nous avons le Traité que vous connoiſſez, ſera de notre partie; mais vaine imagination? Pouvons-nous eſperer, Monſieur, que cette ſage République, qui a conſervé juſques-ici la *Neutralité* au milieu des troubles qui affligent l'*Europe*, ira ſe mêler dans une Guerre, qui ne peut lui devenir perſonelle, que dans le cas où le deſir de voir redreſſer les grands torts que nous lui avons

D 4

faits

faits en tout & partout, contre les Traités, l'engageroient avec raison à se declarer contre nous. Comment aura t'on le front de la sommer d'observer le Traité en question : ceux des *Anglois* qui ne s'aveuglent point sur les vastes prétentions de notre Ministère, prévoient bien que la *Hollande* repondra aux Insinuations que nous ne manquerons pas de lui faire faire par Notre Ambassadeur à LA HAYE, *qu'elle n'est point dans le cas du Traité, & que les six milles hommes & les Vaisseaux qu'elle doit fournir par cette convention, ne doivent être donnés que dans le cas où nos côtes seroient menacées d'une descente par quelque Puissance aggresserice.* Mais qui a commencé les Hostilités? c'est l'*Angleterre*, & par ce procedé elle s'est privée d'un Allié qu'elle reclameroit vainement. D'ailleurs, comme j'ai déja dit, nous n'avons pas eû pour cette Republique tous les égards que nous lui devions; & je ne doute pas, avec tout ce qu'il y a de gens sensés, que si nous voulions la contraindre à sortir de sa modération & à prendre un parti, nous serions bientôt les victimes de nos Violences, par la Resolution que nous l'obligerions par-là de prendre, de rendre sa Marine capable de la protéger.

Le Ministère, qui veut flater le gros de la Nation, lui fait entendre, que si les *Hollandois* profitent de la maladresse que nous avous eû d'attaquer les premiers la Cour de *Madrit*, & refusent de se prêter à nos vuës, nous aurons le *Dannemarck.* Croiez-vous

D 4

Mon-

Monſieur, que l'Interêt de la Cour de *Coppenhague* ſoit, d'entrer dans une Guerre qui ne peut lui procurer aucun avantage réel; d'ailleurs, la bonne Intelligence qui regne entre *Sa Majeſté Danoiſe* & les *Rois de France* & *d'Eſpagne*, eſt un garant du peu de fondement que nous devons faire ſur l'alliance que l'entouſiaſme du Miniſtère nous promet, & ſi même il pouvoit aſſez aveugler ce Monarque ſur l'intérêt qu'il a de ne pas ſe laiſſer entraîner dans cette Guerre ruineuſe, cela ne nous produira pas de grands ſecours, vû la diverſion que la Cour de Ruſſie ne manquera pas de lui faire en ce cas chez lui.

Comme nous cherchons des ſecours etrangers par-tout, on fit partir hier Mr. *Georges Pitt* pour la Cour de *Turin*, où il va remplir la place d'Ambaſſadeur. Mais il eſt à craindre, que les demarches qu'il eſt chargé de faire pour engager le ſage Monarque à s'unir avec la *Grande-Bretagne*, ſeront ſans ſuccés; & les perſonnes qui prétendent être inſtruites, croient même, que les Cours de *Verſailles* & de *Madrit* ſont ſeures de celle de *Turin*.

C'étoit avant de declarer la Guerre à l'*Eſpagne* qu'il faloit s'aſſurer des Alliés, & non pas en chercher, après un coup de Violence comme celui qu'on vient de faire : Cette inconſidération de Notre Miniſtère allarme tous les bons citoiens.

J'ai l'honneur d'être &c.

D 5 *LET-*

LETTRE III.

Londres le 12 Janvier 1762.

MONSIEUR,

JE reçûs hier, au soir, votre Lettre du 27. *Decembre*, & je m'empresse d'y repondre, avec d'autant plus de plaisir, que je pense comme vous sur le parti que vous croiez que la Cour de *Lisbonne* doit prendre dans les circonstances actuelles.

On ignore encore, dites-vous, si votre Cour restera attachée à l'Angleterre ou si elle s'unira à l'*Espagne*, mais vous pensez que le dernier parti est le seul qui puisse sauver le *Portugal*. Quoique ce sentiment rüine ma fortune, je l'embrasse pour l'honneur de la vérité, & je ne doute pas que Sa Majesté Portuguaise, dans le choix qu'elle a de deux Alliés, ne prenne celui qui par d'anciennes prétentions & la position de ses Etats, deviendroit un Ennemi dangereux, si on n'en vouloit pas pour Ami.

Le *Portugal* exposé à chaque instant aux incursions des *Espagnols*, aimera mieux les avoir pour Alliés que les *Anglois*, trop eloignés pour les secourir à propos, & toutes les fois qu'un danger imminent l'exigera.

Qui sait même, si les vües de Notre Ministère étoient remplies, en déterminant la
Cour

Cour de *Lisbonne* à se declarer contre l'*Espa-gne*; Qui sait si *Madrit*, profitant de sa superiorité, ne reclameroit point la Couronne du *Portugal*, dont elle a joüi autrefois ; ces considerations & le foible état de vos forces, me font craindre que la Balance panchera pour l'*Espagne*. Si cet Evenement a lieu, quel echéc ne souffrira pas notre Commerce? Vous savez, Monsieur, que les *Anglois* font seuls celui de tout le *Portugal*; J'avoue que votre Nation devenüe plus laborieuse, nous auroit depuis longtems privé de cette ressource immense, si elle avoit connû ses vrais interêts, mais la necessité des circonstances va probablement nous arracher pour toujours le *Portugal*, qui est sans contredit la branche la plus féconde de notre Commerce. Puissai-je me tromper? mais tout contribüe à me faire croire que le *Portugal*, plus touché de ses vrais interêts que de ceux de l'*Angleterre*, se réunira à l'Espagne, qui ne peut plus vous accorder une Neutralité, dont notre Ministère peut abuser. Comme je crains cet Evenement, je vous prie jusqu'à nouvel ordre, de ne point compter sur moi pour les vins d'*Oporto* de la recolte prochaine.

J'ai l'honneur d'être &c.

NOTE D'UN PATRIOTE.

La saine partie de notre Ministère, éclairé par une fâcheuse expérience, regrette sans
doute

doute de s'être abandonné à des Conduc-
teurs dont la tête & le cœur s'échauffoient également, & qui ne voyoient rien qu'a travers
leurs préjugés ou leurs paffions. Obligé de
capituler fur fes torts, combien ne doit-il
pas être effrayé de leur multitude? Que ne
donneroit-il pas pour avoir moins écouté
ceux qui lui en ont fait groffir la lifte? Pendant plus de trois ans, le Miniftére Britannique, qui fçait fi bien réprimer la licence
de la Preffe, & punir les Ecrivains, quand
ils lui manquent d'égards, a fouffert avec
complaifance que des Boute-feux mercenai-
res foufflaffent, réguliérement trois fois par
femaine, dans les efprits de la Nation, l'animofité la plus cruelle & la plus déraifon-
nable : n'a pas été bon Anglois qui n'a pas
infulté les Souverains & les Peuples ; c'eut
été manquer de courage, que ne pas méprifer
hautement les autres Puiffances Maritimes, &
d'admettre quelque compofition fur la pré-
tention de l'Empire de la Mer & du Commerce. Cette odieufe fermentation tombe
enfin aujourd'hui. La Cour & la Ville, les
Miniftres & le Peuple, commencent à reconnoître qu'il n'y a rien de grand, rien de
fort, que par comparaifon; & que la puis-
fance n'a de réalité, que relativement à fa
durée. Le peuple Anglois a été ébloui de cet
appareil formidable de Marine, fupérieur effec-
tivement à ce que toutes les autres Puiffances
Maritimes liguées enfemble auroient pu produire. Quelques Etats mêmes, particuliére-
ment

ment intéressés aux mouvemens & à l'existence du Colosse , ont paru justifier par leurs
craintes , l'audace qu'il inspiroit à la Nation.
On ne vouloit pas soupçonner à Londres , que
ces Etats se tussent par prudence , & uniquement parce qu'ils prévoyoient que le Colosse devant nécessairement tomber de lui-mê-
me , ils risqueroient beaucoup moins en attendant sa chute en silence , qu'en le cho-
quant pour le précipiter , tandis qu'il seroit encore dans sa vigueur.

Le tems est enfin venu , où la raison prend
le dessus. L'incertitude sur les intentions de
l'Espagne a disparu , & fait examiner les
espérances que la présomption & l'erreur
faisoient concevoir. En se disant , qu'avec un
pareil Allié , la France ne manqueroit pas de
relever sa Marine , on a examiné si cette Marine de France étoit en effet aussi près de sa
ruine qu'on la croyoit ; & on a été tout éton-
né de trouver que sa langueur , qu'elle pouroit soutenir pendant plusieurs années , suffi-
soit seule pour consumer tous les alimens de
cette puissante Marine Britannique entretenue
pour l'empêcher de se rétablir. Il ne falloit
qu'être un moment sans prévention , pour ve-
nir à cette découverte. Les principes sont à
peu près les mêmes dans le Corps Phisique &
dans le Corps Politique. Les coups portés à
la Marine de France n'ont point attaqué les
parties nobles. Sa foiblesse actuelle vient
d'un mauvais régime , au millieu duquel on l'a
surprise , ou dont le Gouvernement n'avoit
pas encore eu le temps de corriger les effets.

Sa

Sa langueur n'est produite que par une perte de substance, qu'elle peut retrouver dans le Royaume: Enfin, c'est par négligence qu'elle est venue à une espéce de décadence: elle peut être relevée avec la plus grande rapidité; Ce sont, pour ainsi dire, des esprits engourdis, que l'art peut reveiller par une infinité de moyens, également prompts & faciles. La Marine Britannique au contraire seroit comparée fort juste à un Frénétique, d'autant plus foible quand il est rendu à son état naturel, que les efforts qu'il a faits dans sa convulsion ont plus excédé l'action réglée de ses forces.

Il est démontré que la liberté du Commerce & de la Navigation périt, si l'Angleterre parvient à jouir en paix des possessions capables de fournir à l'entretien perpétuel d'une Marine supérieure à celle des autres Puissances : De là resulte une necessité indispensable, pour tous les Etats qui prétendent part au Commerce & à la Navigation, de lui disputer ces possessions. Il est pareillement démontré qu'il n'y a que la paix qui puisse rendre ces possessions de quelque raport pour l'Angleterre; & que tant qu'elle les tient par la force des armes, elle demeure chargée pour ne les pas perdre, des mêmes dépenses qu'elle a faites pour les conquérir. La conséquence se présente à tout homme médiocrement judicieux. Il aperçoit l'Angleterre qui s'épuise, pour ne pas se laisser arracher ce que bientôt elle sera obligée d'abandonner.

EX-

EXTRAIT DE LA LETTRE

D'U N

NEGOCIANT D'AMSTERDAM,

Du 12. Janvier 1762.

VOtre Ministère a démasqué enfin le Système qu'il s'est fait, de rendre l'Angleterre seule maitresse absolue de la mer, par consequent du Commerce & enfin de la Monarchie universelle. Il faut être plein d'une grande prévention de l'ascendant qu'on s'est fait sur notre Republique, en ôsant se flatter de l'engager à prêter son secours, pour vous mettre en état d'executer un Dessein si temeraire, qui nous rendroit simple Province, esclave de la Grande Bretagne? Notre Gouvernement n'a pas envain la Reputation de Sagesse ; il a sçu conserver jusqu'à present la Neutralité, & sait trop bien qu'il lui convient d'y demeurer, jusqu'à ce qu'il voye que l'Espagne réunie à la France ne suffise pas pour domter l'orgueil de votre Ministère, & retablir la Balance de Pouvoir sur mer, où elle est du moins aussi essentielle que sur Terre ; & que si ces deux Puissances ne réussissent pas à obtenir cet but si nécessaire, il convient que d'autres Puissances

ces se joignent à eux. Vous avez donc bien raison de craindre, que la Rupture qui vient de se faire avec l'Espagne ne mène qu'à susciter toute l'Europe contre l'angleterre, & que les succès qui l'ont enorgueilli, produiront sa perte: c'est en effet ce que tous les gens sensés pensent unanimement.

Je suis &c.

P. S. Je sai que nous ténons à l'Angleterre par certains interêts; mais l'Evénement a éclairé les Sages de la Nation sur ce sujet, & ils savent que quant à nos Griefs accumulés, nous n'en obtiendrons pas satisfaction de bon gré : il faudroit pousser l'aveuglement au comble pour l'esperer après toutes les preuves que l'on a du contraire.

De l'Imprimerie de *Samuel Ellis*, dans le *Paternoster Row*, à Londres.